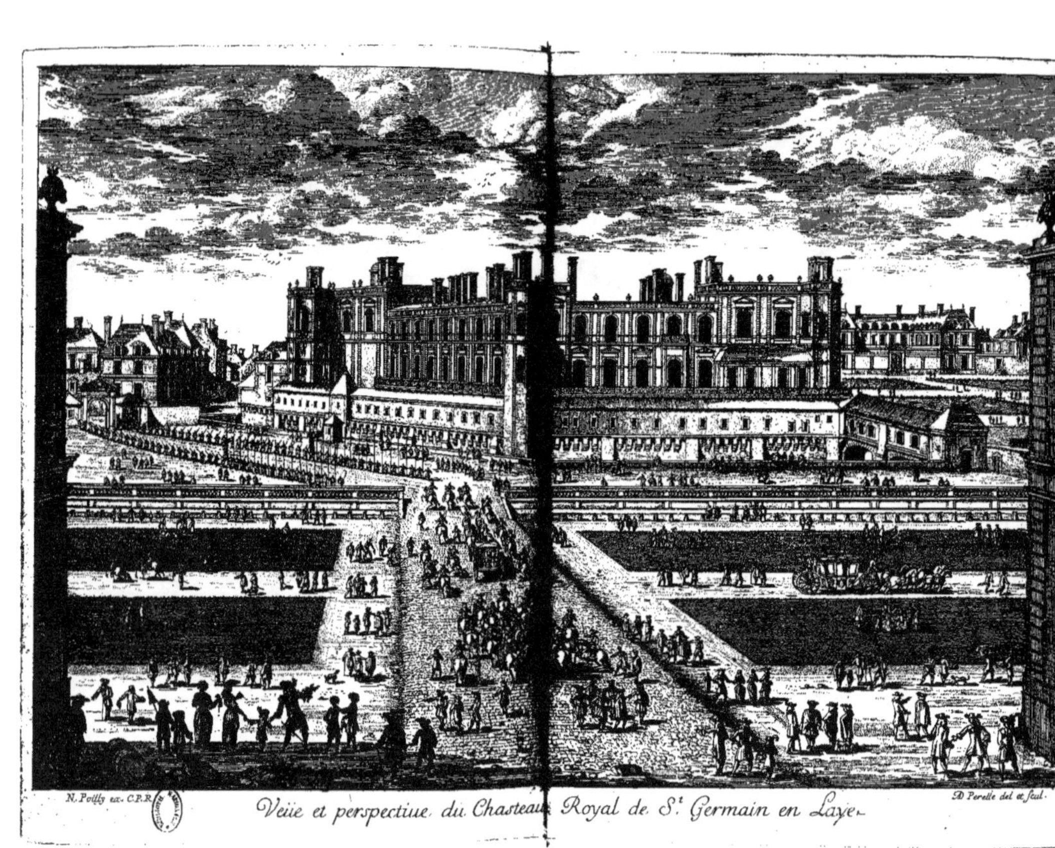

N. Poilly ex. C.P.R. — *Veüe et perspectiue du Chasteau Royal de S.t Germain en Laye.* — A. Perelle del et sculp.

BALLET DES MVSES.

Dansé par sa Majesté à son Chasteau de S. Germain en Laye le 2. Decembre 1666.

A PARIS,
Par ROBERT BALLARD, seul Imprimeur du Roy pour la Musique.

M. DC. LXVI.

Auec Priuilege de sa Majesté.

BALLET DES MVSES.

ARGVMENT.

LEs Muſes charmées de la glorieuſe reputation de noſtre Monarque, & du ſoin que ſa Majeſté prend de faire fleurir tous les Arts dans l'étenduë de ſon Empire; quittent le Parnaſſe pour venir à ſa Cour.

Mnémoſine * qui dans les grandes Images qu'elle conſerue de l'Antiquité, ne trouue rien d'égal à cét Auguſte Prince, prend l'occaſion du voyage de ſes Filles pour contenter le juſte deſir qu'elle a de le voir; & lors qu'elles arriuent icy fait auec elles l'ouuerture du Theatre par le Dialogue qui ſuit.

* C'eſt la memoire.

DIALOGVE DE MNEMOSINE, ET DES MVSES.

Madlle. Hilaire.

MNEMOSINE.

ENfin apres tant de hazards
Nous découurons les heureuſes Prouinces
Où le plus ſage & le plus grād des Princes
Fait aſſembler de toutes parts
La gloire, les Vertus, l'abondance & les Arts.

LES MVSES

Rangeons nous ſous ſes loix
Il eſt beau de les ſuiure
Rien n'eſt ſi doux que de viure
A la Cour de LOVYS *le plus parfait des* ROYS.

MNEMOSINE.

Viuant ſous ſa conduite,
Muſes, dans vos Concerts
ChanteZ ce qu'il a fait, chantez ce qu'il médite,
Et portez-en le bruit au bout de l'Vniuers.
Dans ce recit charmant faites ſans ceſſe entendre
A l'Empire François ce qu'il doit eſperer,

Au monde entier ce qu'il doit admirer,
Aux Roys ce qu'ils doiuent aprendre.

MNEMOSINE.

Rangeons nous sous ses loix,
Il est beau de les suiure,
Rien n'est si doux que de viure
A la Cour de LOVYS, *le Modele des* ROYS.

TOus les Arts établis des-ja dans le Royaume (s'estant assemblez de mille endroits pour receuoir plus dignement ces doctes Filles de Iupiter, ausquelles ils croyent deuoir leur origine) prennent resolution de faire en faueur de chacune d'elles vne entrée particuliere. Apres quoy pour les honorer toutes ensemble, ils representent la celebre victoire qu'elles remporterent autrefois sur les neuf Filles de Pierus.

Les neuf Sœurs.

Muses Chantantes. Messieurs le Gros, Fernon l'aisné, Fernon le jeune, Lange, Cottereau, S. Iean, & Bussequin Pages de la Musique de la Chambre. Auger, & Luden Pages de la Chapelle.

Les sept Arts. Messieurs Hedoüin, d'Estiual, Gingan, Blondel, Rebel, Magnan, & Gaye.

PREMIERE ENTRE'E.

POur Vranie à qui l'on attribuë la connoiſſance des Cieux on repreſente les ſept Planettes, de qui l'on contrefait l'éclat par les brillans habits dont les danſeurs ſont reueſtus.

Les ſept Planettes, Iupiter, le Soleil, Mercure, Venus, la Lune, Mars, & Saturne.

Le Soleil. Monſieur Cocquet. *Iupiter.* Du Pron, *Mercure.* S. André. *Venus.* Des-Airs l'aiſné. *La Lune.* Des-Airs galand. *Mars.* Monſieur de Souuille. *Saturne.* Noblet l'aiſné

II. ENTRE'E.

POur honorer Melpomene qui preſide à la Tragedie, l'on fait paroiſtre Pyrâme & Thisbé qui ont ſeruy de ſujet à l'vne de nos plus anciennes pieces de Theatre.

Pirâme & Thisbé.

Pyrâme, Monſieur le Grand.
Thisbé, Le Marquis de Mirepoix.

III. ENTRE'E.

TAlie, à qui la Comedie est consacrée a pour son partage vne piece comique representée par les Comediens du Roy, & composée par celuy de tous nos Poëtes, qui dans ce genre d'écrire peut le plus justement se comparer aux anciens. Moliere & sa Troupe.

PASTORALE COMIQVE.

NOMS DES ACTEVRS.

Iris jeune Bergere.	*Madlle. de Brie.*
Lycas riche Pasteur.	*Moliere.*
Filene riche Pasteur.	*Destiual.*
Coridon jeune Berger.	*La Grange.*
Berger enjoüé.	*Blondel.*
Vn Pastre.	*Chasteau-neuf.*

LA premiere Scene est entre Lycas, riche Pasteur, & Coridon son confident.

La ſeconde Scene eſt vne ceremonie magique de Chantres & Dançeurs.

Les deux Magiciens dançans ſont.
Les Sieurs la Pierre, & Fauier.

Les trois Magiciens aſſiſtans & chantans ſont.
Meſſieurs le Gros, Don, & Gaye.

Ils chantent.

DEeſſe des appas
Ne nous refuſe pas
La grace qu'implorent nos bouches,
Nous t'en prions par tes rubans,
Par tes boucles de diamans,
Ton rouge, ta poudre, tes mouches,
Ton maſque, ta coëffe & tes gans.

O toy? qui peux rendre agreables
Les viſages les plus mal-fais,
Répens, Venus, de tes attrais
Deux ou trois dozes charitables
Sur ce muſeau tondu tout frais.

Deeſſe des appas
Ne nous, &c.

Ah! qu'il eſt beau
Le jouuenceau,

Ah!

Ah! qu'il eſt beau! ah! qu'il eſt beau!
Qu'il va faire mourir de belles:
Auprès de luy les plus cruelles
Ne pouront tenir dans leur peau,
Ah! qu'il eſt beau
Le jouuenceau!
Ah! qu'il eſt beau! ah! qu'il eſt beau!
Ho, ho, ho, ho, ho, ho.

Qu'il eſt joli,
Gentil, poli,
Qu'il eſt joly, qu'il eſt joly,
Eſt-il des yeux qu'il ne rauiſſe?
Il paſſe en beauté feu Narciſſe
Qui fut vn blondin accompli.
Qu'il eſt joli,
Gentil, poli,
Qu'il eſt joli, qu'il eſt joli,
Hi, hi, hi, hi, hi, hi.

Les ſix Magiciens aſſiſtans, & dançans ſont.

Les Sieurs Chicaneau, Bonard, Noblet le cadet, Arnald, Mayeu, & Foignard.

LA troiſiéme Scene eſt entre Lycas & Filene, riches Paſteurs. Filene chante.

PAissez cheres brebis les herbettes naissantes,
Ces prés & ces ruisseaux ont dequoy vous charmer;
Mais si vous desirez viure tousiours contentes,
Petites innocentes
Gardez vous bien d'aymer.

Lycas voulant faire des Vers nomme le nom d'Iris sa Maistresse en presence de Filene son Riual, dont Filene en colere chante.

FILENE.

Est-ce toy que j'entens, temeraire, est-ce toy
Qui nommes la beauté qui me tient sous sa loy?

LYCAS, *respond.*

Ouy c'est moy, ouy c'est moy.

FILENE.

Oses-tu bien en aucune façon
Proferer ce beau nom?

LYCAS.

Hé pourquoy non? hé pourquoy non?

FILENE.

Iris charme mon ame,
Et qui pour elle aura
Le moindre brin de flâme
Il s'en repentira.

LYCAS.

Ie me moque de cela,
Ie me moque de cela.

FILENE.

Ie t'estrangleray, mangeray,
Si tu nommes jamais ma belle:
Ce que je dis je le feray,
Ie t'estrangleray, mangeray,
Il suffit que j'en ay juré:
Quand les Dieux prendroient ta querelle
Ie t'estrangleray, mangeray,
Si tu nommes jamais ma belle.

LYCAS.

Bagatelle, bagatelle.

LA quatriéme Scene est entre Lycas & Iris jeune Bergere, dont Lycas est amoureux.

La cinquiéme Scene est entre Lycas & vn Pastre, qui aporte vn cartel à Lycas de la part de Filene son riual.

La sixiéme Scene est entre Lycas & Coridon.

La septiéme Scene est entre Lycas & Filene: Filene venant pour se battre chante.

Arreste, malheureux,
Tourne, tourne visage,
Et voyons qui des deux
Obtiendra l'auantage.

Lycas parle, & Filene reprend.

C'est par trop discourir,
Allons il faut mourir.

LA huitiéme Scene est de huit Paysans, qui venant pour separer Filene & Lycas, prennent querelle & dançent en se battant.

Les huit Paysans, sont.

Les Sieurs Doliuet, Paysan, Desonets, Du Pron, La Pierre, Mercier, Pesan, & le Roy.

LA neufiéme Scene est entre Coridon jeune Berger, & les huit Paysans, qui par les persuasions de Coridon se reconcilient, & apres s'estre reconciliez dançent.

La dixiéme Scene est entre Filene, Lycas, & Coridon.

L'onziéme Scene est entre Iris Bergere, & Coridon Berger.

La douziéme Scene est entre Iris Bergere, Filene, Lycas, & Coridon: Filene chante.

N'attendez pas qu'icy je me vante moy-mesme,
Pour le choix que vous balancez:
Vous auez des yeux, je vous ayme;
C'est vous en dire assez.

LA treiziéme Scene est entre Filene & Lycas, qui rebutez par la belle Iris, chantent ensemble leur desespoir.

FILENE.

Helas! peut-on sentir de plus viue douleur?
Nous preferer vn seruile Pasteur.
Ho Ciel!

LYCAS.

Ho sort!

FILENE.

Quelle rigueur?

LYCAS.

Quel coup,

FILENE.

Quoy? tant de pleurs,

LYCAS.

Tant de perseuerance,

FILENE.

Tant de langueur,

LYCAS.

Tant de souffrance,

FILENE.

Tant de vœux,

LYCAS.

Tant de soins,

FILENE.

Tant d'ardeur,

LYCAS.

Tant d'amour.

FILENE.

Auec tant de mespris sont traittez en ce jour.
Ha! cruelle,

LYCAS.

Cœur dur.

FILENE.

Tygresse,

LYCAS.

Inexorable.

FILENE.

Inhumaine,

LYCAS.

Inflexible,

FILENE.

Ingrate,

LYCAS.

Impitoyable.

FILENE.

Tu veux donc nous faire mourir?
Il te faut contenter,

LYCAS.

Il te faut obeïr.

FILENE.

Mourons Lycas,

LYCAS.

Mourons Filene.

FILENE.

Auec ce fer finiſſons noſtre pene.

LYCAS.

Pouſſe,

FILENE.

Ferme.

LYCAS.

Courage.

FILENE.

Allons, va le premier.

LYCAS.

Non je veux marcher le dernier.

FILENE.

Puis qu'vn meſme malheur aujourd'huy nous [aſſemble,
Allons partons enſemble

LA quatorziéme Scene eſt d'vn jeune Berger enjoüé, qui venant conſoler Filene, & Lycas, chante.

Ha! quelle folie
De quitter la vie
Pour vne beauté
Dont on eſt rebuté:
On peut pour vn objet aymable,
Dont le cœur nous eſt fauorable,

Vouloir perdre la clarté;
Mais quitter la vie
Pour vne beauté
Dont on est rebuté
Ha! quelle folie.

LA quinziéme & derniere Scene est d'vne Egyptienne, ſuiuie d'vne douzaine de gens, qui ne cherchans que la joye, dançent auec elle aux Chanſons qu'elle chante agreablement, en voicy les paroles.

PREMIER AIR.

D'Vn pauure cœur
Soulagez le martyre,
D'vn pauure cœur
Soulagez la douleur;
I'ay beau vous dire
Ma viue ardeur,
Je vous voy rire
De ma langueur:
Ha! cruelle j'expire
Sous tant de rigueur,
D'vn pauure cœur
Soulagez le martyre,
D'vn pauure cœur
Soulagez la douleur.

SECOND AIR.

CRoyez-moy, hastons-nous ma Siluie;
Vsons bien des momens precieux,
Contentons icy nostre enuie,
De nos ans le feu nous y conuie
Nous ne sçaurions vous & moy faire mieux:
Quand l'Hyuer a glacé nos guerets,
Le Printemps vient reprendre sa place,
Et ramene à nos champs leur atrais,
Mais helas! quand l'âge nous glace,
Nos beaux jours ne reuiennent jamais.

Ne cerchons tous les jours qu'à nous plaire,
Soyons y l'vn & l'autre empressez,
Du plaisir faisons nostre affaire,
Des chagrins songeons à nous défaire;
Il vient vn temps où l'on en prend assez.
Quand l'Hyuer à glacé nos guerets,
Le Printemps vient reprendre sa place;
Et ramene à nos champs leur atrais,
Mais helas! quand l'âge nous glace,
Nos beaux jours ne reuiennent jamais.

L'Egyptienne qui dançe & chante, est Noblet l'aisné.

Les douze Dançans, sont quatre joüans de la Guitare.

Monsieur de Lully, Messieurs Beauchamp, Chicaneau, & Vagnart.

Quatre joüans des castagnettes.

Les Sieurs Fauier, Bonard, S. André, & Arnald.

Quatre joüans des gnacares.

Messieurs La Marre, Des-Airs second, Du Feu, & Pesan.

IV. ENTRE'E.

EN l'honneur d'Euterpe, Muſe Paſtorale, quatre Bergers & quatre Bergeres danſent au chant de pluſieurs autres ſur des Chanſons en forme de Dialogue.

I. *CHANSON SVR VN AIR de Gauote.*

Vn Berger chante les deux premiers vers, & le Chœur les repete. M. Fernon.

VOus ſçauez l'amour extréme
Que j'ay pris dans vos beaux yeux;

Le Berger continuë.

Haſtez-vous d'aimer de meſme,
Les momens ſont precieux;
Toſt ou tard il faut qu'on aime,
Et le pluſtoſt c'eſt le mieux.

Le Chœur repete.

Vn autre Berger chante, M. le Gros.

En douceurs l'Amour abonde,
Tout ſe rend à ſes appas;

Le Chœur repete ces deux vers.

Le Berger continuë.

On ressent ses feux dans l'Onde,
Et dans les plus frois climas;
Il n'est rien qui n'ayme au monde,
Pourquoy n'aimeriez vous pas?

Le Chœur repete.

II. Chanson sur vn air de Menuet.

Vn Berger chante les deux premiers vers, & le Chœur les repete. M. Fernon.

VIuons heureux, aimons nous, Bergere,
Viuons heureux aimons nous

Le Berger continuë.

Dans vn endroit solitaire
Fuyons les yeux des jaloux.

Le Chœur.

Viuons heureux, aimons nous, Bergere,
Viuons heureux aimons nous.

Le

Le Berger.

Dançons dessus la fougere,
Ioüons aux jeux les plus doux.

Le Chœur.

Viuons heureux, aimons nous, Bergere,
Viuons heureux, aimons nous.

Vn autre Berger chante les deux premiers vers, & le Chœur les repete.

Aimons, aimons nous tousiours, Siluie,
Aimons, aimons nous tousiours.

Le Berger continuë.

Sans vne si douce enuie,
A quoy passer nos beaux jours?

Le Chœur.

Aimons, aimons nous tousiours, Siluie,
Aimons, aimons nous tousiours.

Le Berger.

Les vrais plaisirs de la vie
Sont dans les tendres Amours.

Le Chœur.

Aimons, aimons nous tousiours, Siluie,
Aimons, aimons nous tousiours.

Quatre Bergers, & quatre Bergeres.

Bergers. LE ROY.

Le Marquis de Villeroy, les Sieurs Raynal, & la Pierre.

Bergeres. MADAME.

Madame de Montespan, Mademoiselle de la Valliere, & Mademoiselle de Toussy.

Huit Bergers chantants.

Messieurs d'Estiual, Hedoüin, Gingan, Blondel, Magnan, Gaye, Busseguin, & Auger Pages.

Huit Bergeres chantantes.

Messieurs le Gros, Fernon l'aisné, Fernon le jeune, Rebel, Cottereau, Lange, & S. Iean, & Luden Pages.

V. ENTRE'E.

EN faueur de Clio qui preside à l'histoire, (voulant representer quelque grande action des Siecles passez) on n'a pas crû pouuoir en choisir vne plus illustre ny plus propre pour le Ballet que la bataille donnée par Alexandre contre Porrus, & la generosité que pratiqua ce grand Monarque apres sa victoire, rendant aux vaincus tout ce que le droit des armes leur auoit osté.

Le combat s'exprime par des démarches & des coups mesurez au son des instrumens, & la paix qui le suit est figurée par la Danse que les vainqueurs & les vaincus font ensemble.

Alexandre & Porrus cinq Grecs, & cinq Indiens.

Alexandre. Monsieur Beauchamp.
Cinq Grecs. Monsieur de Souuille, Messieurs La Marre, du Pron, Des-Airs le cadet, & Mayeu.
Descousteaux *Tambour.* Philebert, & Iean Hottere. *Flustes.*
Porrus. Monsieur Cocquet.
Cinq Indiens. Messieurs Paysan, du Feu, Arnald, Ioüan, & Noblet le cadet.
Vagnart. *Tambour.* Piesche, & Nicolas Hottere *Flustes.*

VI. ENTRE'E.

POur Calliope Mere des beaux vers, les Comediens de la seule Troupe Royale represente vne petite Comedie ou sont introduits des Poëtes de differents caracteres.

LES POETES
PETITE COMEDIE.

ACTEVRS.

ARISTE, Homme de qualité qui prend ſoin d'vne Maſcarade pour le Bal.

ARISTE, *M. La Fleur.*

SILVANDRE, Amy d'Ariſte qui a ordre de faire vne petite Comedie pour joindre au Balet.

SILVANDRE, *M. Floridor.*

Mr LIRA, Poëte ſuiuant la Cour qui n'eſtime que les Sonnets.

M. HAVTE-ROCHE.

LE MARQVIS SINGVLIER, qui s'attribuë les vers d'autruy.

M. POISSON.

LA COMTESSE VIEILLE ET GALANTE, qui aprend à faire des vers.

MADlle. DES OEILLETS.

LA SCENE EST DANS la Galerie du Chaſteau-neuf de S. Germain.

LA Premiere Scene eſt entre Ariſte & Silvandre qui ſe demandent l'vn à l'autre des auis en attendant le Bal.

La

LA Seconde Scene eſt de Monſieur Lira qui offre ſes Sonnets à Siluandre pour la petite Comedie qu'il doit faire.

LA troiſieſme Scene eſt d'vne Maſcarade qu'Ariſte a fait preparer pour le Bal, compoſée d'vne dance d'Eſpagnols & d'Eſpagnoles, dont vne partie dance au ſon des Inſtruments, & l'autre dance au chant de deux Dialogues.

MASCARADE ESPAGNOLE.

Deux Conducteurs de la Maſcarade.
Monſieur le Duc de S. Aignan,
& M. Beauchamp.

Eſpagnols qui dançent.
LE ROY.
Monſieur le Grand, le Marquis de Villeroy, le Marquis de Mirepoix, le Marquis de Raſſan.

Eſpagnoles qui dançent.
MADAME.
Madame de Monteſpan, Madame de Curſol, Meſdemoiſelles de la Valiere, & de Touſſy.

Eſpagnols qui chantent en dançant.
Ioſeph de Prado, Aguſtin Manuel, Simon Aguado, Marcos Garces.

Eſpagnoles qui chantent en dançant.
Franciſca Vezon, Maria de Anaya, Maria de Valdes, Ieronima de Olmedo.

Eſpagnols qui joüent de la Harpe & des Guitarres.
Iuan Nauarro, Ioſeph de Loeſia, Pedro Vaſques.

PRIMERO DIALOGO.

Canta Maria de Anaya.

AY! que padeſco de Amor los rigores!
Y en tanto tormento deſmayan mis boçes!

Canta Franciſca Vezon.

No deſconfies, que de eſſas heridas
Al mas peligroſſo le cura en vn dia.

Cantan todos los miſmos verſos.

SEGVNDO DIALOGO.

Canta Simon Aquado.

Sin amor, la hermoſura
No tiene balor,
Que ſe aumentan las graçias
Teniendo aficion.

Canta Franciſca Vezon.

Aunque quiera en ſus lazos
Prenderme el Amor,
No ſeras nunca el dueño
De mi coraçon.

Cantan todos los miſmos verſos.

IMITATION DES DEVX Dialogues Eſpagnols.

PREMIER DIALOGVE.

Maria de Anaya.

HA! qu'en aymant
A de maux on s'expoſe!
Ha qu'en aymant
On ſouffre de tourment!

Franciſca Vezon.

Quelque tourment, quelques maux qu'Amour cauſe,
Pour tout payer, il ne faut qu'vn moment.

SECOND DIALOGVE.

Simon Aquado.

La plus belle Ieuneſſe
Sans l'Amour n'eſt rien;
Quelque peu de tendreſſe
Fait touſiours grand bien.

Franciſca Vezon.

On ne peut s'en deffendre,
L'Amour eſt trop doux:
Mais ſi j'ay le cœur tendre
Ce n'eſt pas pour vous.

SIGVE EL PRIMER DIALOGO.

Canta Maria de Anaya.

No ay Coraçon que no tema el empeño
De haçer dueño ſuyo à vn Dios niño y ciego.

Canta Franciſca Vezon.

De Amor las rigores dan ſiempre contento,
Que cauſan plaçeres ſus deſabrimientos.

Cantan todos los miſmos verſos.

SIGVE EL SEGVNDO DIALOGO.

Canta Simon Aguado.

Aunque tengas mas prendas
Que en las otras ay,
Si a quererme no llegas
Las as de borrar.

Canta Franciſca Vezon.

O que bien enojado
Te dexa el desden!
Sin agradar, Ninguno
Yntente querer.

Cantan todos los miſmos verſos.

Suite

SVITE DV PREMIER DIALOGVE.

Maria de Anaya.

Que tous les cœurs
Craignent l'Amour pour Maiſtre,
Que tous les cœurs
Euitent ſes rigueurs.

Franciſca Vezon.

Il plaiſt touſiours, tout cruel qu'il puiſſe eſtre,
Tout en eſt doux juſques à ſes langueurs.

SVITE DV SECOND DIALOGVE.

Simon Aquado.

Ayez, s'il eſt poſsible,
Cent fois plus d'appas:
C'eſt vn deffaut horrible
Que ne m'aimer pas.

Franciſca Vezon.

Vne heureuſe colere
Vient vous animer:
Si vous manquez à plaire
Moquez-vous d'aimer.

LA quatriéme Scene est du Marquis & de la Comtesse, qui se mocquent l'vn de l'autre.

LA cinquiéme Scene est de la Comtesse, qui tandis que le Marquis va chercher ses gens, lit des Vers qu'elle a faits, qui sont sans mesure, & qui n'ont point de rime, quoy que les mots qui doiuent rimer, ne soient differents que par vne seule lettre.

LA sixiéme Scene est des auis ridicules que le Marquis & la Comtesse donnent à Siluandre sur le sujet de la petite Comedie qu'il a ordre de faire.

LA septiéme & derniere Scene est d'vne Entrée des Basques du Marquis, & de la resolution qu'Ariste fait prendre à Siluandre de ne point chercher d'autre sujet que celuy qui luy est offert par le hazard dans tout ce qu'il vient de voir.

Basques.

Monsieur le Grand, Monsieur le Marquis de Villeroy, le Marquis de Rassan, Monsieur de Souuille, Messieurs Beauchamp, Chicanneau, Fauier, & la Pierre.

VII. ENTREE. & recit.

ON fait paroiſtre Orphée fils de cette Muſe, qui par les diuers ſons de ſa Lire, exprimant tantoſt vne douleur languiſſante, & tantoſt vn dépit violent, inſpire les meſmes mouuemens à ceux qui le ſuiuent, & entre-autre vne Nymphe que le hazard a fait rencontrer ſur l'vn des rochers qu'il attire apres luy, eſt tellement tranſportée par l'effet de cette armonie, qu'elle découure ſans y penſer les ſecrets de ſon cœur par cette Chanſon.

Amour trop indiſcret, deuoir trop rigoureux,
Ie ne ſçay lequel de vous deux
Me cauſe le plus de Martyre:
Mais que c'eſt vn mal dangereux
D'aimer & ne le pouuoir dire.

Orphée. Monſieur de Lully.

Nymphe. Mademoiſelle Hylaire.

Huit Traciens.

Meſſieurs Des-Airs l'aiſné, Des-Airs galand, Noblet l'aiſné, Bonard, Fauier, S. André, Deſonets, & Foignac.

VIII. ENTRE'E.

POur Erato que l'on inuoque particulierement en amour, on a tiré ſix Amans de nos Romans les plus fameux, comme Theagene & Cariclée, Mandane & Cyrus, Polexandre & Alcidiane.

Trois Amants, & trois Amantes.

Amans.	*Amantes.*
Cyrus. LE ROY.	*Mandane*. M. Raynal.
Polexandre. Le Marquis de Villeroy.	*Alcidiane*. Le Marquis de Mirepoix.
Theagene. M. Beauchamp.	*Cariclée*. Le S. La Pierre.

IX.

IX. ENTRE'E.

POur Polimnie de qui le pouuoir s'estend sur l'éloquence & la dialectique, trois Philosophes Grecs & deux Orateurs Romains sont representez en ridicule par des Comediens François & Italiens, ausquels on a laissé la liberté de composer leur rooles.

Orateurs Latins, & Philosophes Grecs.

Orateurs Latins.	*Philosophes Grecs.*
Ciceron. Harlequin.	*Democrite.* Montfleury.
Hortence. Scaramouche.	*Heraclite.* Poisson.
Senateur. Valerio.	*Le Cynique.* Brecourt.

X. ENTRE'E.

POur Terpsicore à qui l'inuention des chans & des dances rustiques est attribüée, on fait danser quatre Faunes & quatre Femmes sauuages, qui pliant en diuerses façons des branches d'arbres, en font mille tours differens, & leur danse est agreablement interrompuë par la voix d'vn jeune Satyre.

RECIT. du Satyre.

LE soin de gouster la vie
Est icy nostre employ;
Chacun y suit son enuie,
C'est nostre vnique loy.

L'Amour tousiours nous inspire
Ce qu'il a de plus doux;
Ce n'est jamais que pour rire
Qu'on ayme parmy nous.

Satyre. M. Le Gros.

Quatre Faunes. M. Doliuet, Les Sieurs S. André, Noblet l'aisné, & Des-Airs galand.

Quatre Femmes sauuages. Les Sieurs Bonard, Desonets, Fauier & Foignac.

XI. ENTRE'E.

LEs neuf Muſes & les neuf Filles de Pierus danſent à l'enuy, tantoſt ſeparément, & tantoſt enſemble, chacune de ces deux troupes aſpirant auec meſme ardeur à triompher de celle qui luy eſt oppoſée.

Pierides.	*Muſes.*
MADAME.	Madame de Villequier.
Madame de Monteſpan.	Madame de Rochefort.
Madame de Curſol.	Madame de la Valliere.
Mademoiſelle de la Valliere.	Madame la Comteſſe du Pleſſis.
Mademoiſelle de Touſſy.	Madame d'Vdicourt.
Mademoiſelle de la Mothe.	Madlle. d'Arquien.
Mademoiſelle de Fiennes.	Mademoiſelle de Longueual.
Madame du Ludre.	Madlle. de Cologon.
Mademoiſelle de Brancas.	Mademoiſelle de la Marc.

XII. ENTRÉE.

TRois Nymphes qu'elles auoient choisies pour Iuges de leur dispute, viennent pour la terminer par leur jugement.

Trois Nymphes Iuges du combat.
LE ROY.
Le Marquis de Villeroy, & M. Beauchamp.

XIII. ET DERNIERE ENTRÉE.

MAis les Pierides condamnées ne voulant pas ceder, & recommençant la contestation auec plus d'aigreur qu'auparauant, forcent Iupiter à punir leur insolence, en les changeant en oyseaux.

Iupiter. Monsieur Le Grand.

XIV. ENTRE'E.

APres tant de Nations differentes que les Muſes ont fait paroiſtre dans les aſſemblages diuers dont elles auoient composé le diuertiſſement qu'elles donnent au Roy, il manquoit à faire voir des Turcs & des Maures, & c'eſt ce qu'elles s'auiſent de faire dans cette derniere Entrée, où elles meſlent vne petite Comedie pour donner lieu aux beautez de la Muſique & de la Dance, par où elles veulent finir.

COMEDIE.

PERSONNAGES.

Dom Pedre Gentilhomme Sicilien. *Moliere.*

Adraſte Gentilhomme François. *La Grange.*

Iſidore Eſclaue Grecque. *Madlle. de Brie.*

Zaide Eſclaue. *Madlle. Moliere.*

Haly Turc Eſclaue d'Adraſte. *La Thoriliere.*

Magiſtrat Sicilien. *Du Croiſy.*

SCENE PREMIERE.

HAly amene trois Musiciens Turcs par l'ordre de son Maistre, pour donner vne Serenade.

Les trois Musiciens sont.

Messieurs Blondel, Gaye, & Noblet.

SCENE SECONDE.

ADraste demande les trois Musiciens, & pour obliger Isidore à mettre la teste à la fenestre, leur fait chanter entre-eux vne Scene de Comedie.

SCENE DE COMEDIE CHANTE'E.

Blondel, *representant* le Berger Filene.

SI du triste recit de mon inquietude,
Je trouble le repos de vostre solitude,
Rochers ne soyez point fachez,
Quand vous sçaurez l'excés de mes peines secrettes,
Tous Rochers que vous estes
Vous en serez touchez.

GAYE, le Berger Tircis.

Les oyseaux réjoüis dés que le jour s'auance,
Recommancent leur chants dans ces vastes forests,
Et moy j'y recommance
Mes soûpirs languissans & mes tristes regrets,
Ah! mon cher Filene.

BLONDEL.

Ah! mon cher Tircis.

GAYE.

Que je sens de peines.

BLONDEL.

Que j'ay de soucis.

GAYE.

Toûjours sourde à mes vœux est l'ingratte Climene.

BLONDEL.

Cloris n'a point pour moy de regards adoucis.

GAYE, & BLONDEL, *chantent ensemble.*

O Loy trop inhumaine,
Amour si tu ne peux les contraindre d'aymer,
Pourquoy leur laisse-tu le pouuoir de charmer?

NOBLET Berger, *les interrompt en chantant.*

Pauures Amans, quelle erreur
D'adorer des inhumaines;
Iamais les ames bien ſaines
Ne ſe payent de rigueur,
Et les faueurs ſont les chaînes
Qui doiuent lier vn cœur.

On voit cent belles icy
Auprés de qui je m'empreſſe,
A leur voüer ma tendreſſe
Ie mets mon plus doux ſoucy;
Mais lors que l'on eſt tigreſſe,
Ma foy je ſuis tigre auſſi.

Blondel & Gaye, *reſpondent enſemble.*

Heureux helas! qui peut aymer ainſi.

SCENE TROISIESME.

DOm Pedre ſort en robe de chambre dans l'obſcurité, pour taſcher de connoiſtre qui donne la Serenade.

SCENE

SCENE QVATRIESME.

HAly promet à ſon Maiſtre de trouuer quelque inuention pour faire ſçauoir à Iſidore l'amour qu'on a pour elle.

SCENE CINQVIESME.

ISidore ſe plaint à Dom Pedre du ſoin qu'il prend de la mener par tout auec luy.

SCENE SIXIESME.

HAly taſchant de deſcouurir à Iſidore la paſſion de ſon Maiſtre, ſe ſert adroitement de cinq Eſclaues Turcs, dont vn chante, & les quatre autres dançent, les propoſant à Dom Pedre comme Eſclaues agreables, & capables de luy donner du diuertiſſement.

L'Eſclaue Turc qui chante c'eſt.
Le Sieur Gaye.

Les quatre Eſclaues Turcs qui dancent, ſont.
M. Le Preſtre, les Sieurs Chicaneau,
Mayeu, & Peſan.

L'Eſclaue Turc Muſicien chante d'abord ces paroles, par leſquelles il pretend exprimer la passion d'Adraste, & la faire connoistre à Isidore, en presence mesme de Dom Pedre.

D'Vn cœur ardent en tous lieux,
Vn amant suit vne belle,
Mais d'vn jaloux odieux
La vigilance eternelle
Fait qu'il ne peut que des yeux
S'entretenir auec elle,
Est-il peine plus cruelle
Pour vn cœur bien amoureux?

L'Esclaue Turc apres auoir chanté, craignant que Dom Pedre ne vienne à comprendre le sens de ce qu'il vient de dire, & à s'aperceuoir de sa fourberie, se tourne entierement vers Dom Pedre, & pour l'amuser luy chante en langage franc, ces paroles.

CHiribirida houcha la,
Star bon Turca,
Non hauer danara,
Ti voler comprara,
Mi seruir a ti,
Se pagar per mi,
Far bona cucina,
Mi leuar matina,
Far boller caldara,
Parlara, parlara,
Ti voler comprara.

Ensuite dequoy les quatres autres Esclaues Turcs dancent, puis le Musicien Esclaue recommence.

Chiribirida, &c.

Lequel persuadé que Dom Pedre ne soupçonne rien, chante encor ces paroles, qui s'adressent à Isidore.

C'Est vn suplice à tous coups
Sous qui cet amant expire,
Mais si d'vn œil vn peu doux
La belle voit son martire,
Et consent qu'aux yeux de tous
Pour ses atrais il soûpire,
Il pouroit bien-tost se rire
De tous les soins du jaloux.

Aussi-tost qu'il a chanté craignant toûjours que Dom Pedre ne s'aperçoiue de quelque chose, il recommence.

Chiribirida, &c.

Puis les quatre Esclaues redançant, enfin Dom Pedre venant à s'aperceuoir de la fourberie, chante à son tour ces paroles.

SCaueZ-vous mes drolles
Que cette Chanson
Sent sur vos épaules

Les coups de baſtons,
Chiribirida boucha la,
Mi ti non comprara,
Ma ti baſtonara,
Si ti non andara,
Andara, andara,
O' ti baſtonara.

SCENE SEPTIESME.

HAly rend conte à ſon Maiſtre de ce qu'il a fait, & ſon Maiſtre luy fait confidance de l'inuention qu'il a trouuée.

SCENE HVITIESME.

ADraſte va chez Dom Pedre pour peindre Iſidore.

SCENE NEVFIESME.

HAly déguiſé en Caualier Sicilien vient demander conſeil à Dom Pedre ſur vne affaire d'honneur.

SCENE

SCENE DIXIESME.

ISidore loüe à Dom Pedre les manieres ciuiles d'Adraſte.

SCENE ONZIESME.

ZAide vient ſe jetter entre les bras de Dom Pedre pour ſe ſeruir du feint couroux d'Adraſte.

SCENE DOVZIESME.

ADraſte feint de vouloir tuër Zaide, mais Dom Pedre obtient de luy de moderer ſon couroux.

SCENE TREIZIESME.

DOm Pedre remet Iſidore entre les mains d'Adraſte ſous le voile de Zaide.

SCENE QVATORZIESME.

ZAide reproche à Dom Pedre ſa jalouſie, & luy dit qu'Iſidore n'eſt plus en ſon pouuoir.

SCENE.

DOm Pedre va faire ſes plaintes à vn Magiſtrat Sicilien, qui ne l'entretient que d'vne Maſcarade de Maures, qui finit la Comedie, & tout le Balet.

Cette Maſcarade eſt compoſée de pluſieurs ſortes de Maures.

Maures, & Maureſques de qualité.

LE ROY.

Monſieur le Grand, les Marquis de Villeroy, & de Raſſan.

MADAME.

Mademoiſelle de la Valiere, Madame de Rochefort, & Mademoiſelle de Brancas.

Maures nuds.

Monſieur Cocquet, Monſieur de Souuille, Meſſieurs Beauchamp, Noblet, Chicaneau, la Pierre, Fauier, & Des-Airs galand.

Maures à capot.

Meſſieurs la Marre, du Feu, Arnald, Vagnart, & Bonard.

Veüe et Perspectiue du Chasteau de Maison

N. de Poilly exc. auec Priuilege

A. Perelle del. et sculp.

VERS
SVR LA PERSONNE & le Perſonnage de ceux qui danſent au Ballet.

RECIT DE LA MEMOIRE, qui n'eſt point chanté.

C'Eſt moy qui de l'oubly ſauue les Noms célebres,
Et des temps éloignez diſſipe les tenebres,
En vain pour l'Auenir trauaille vn puiſſant ROY,
C'eſt autant de perdu ſans moy.

Iamais rien n'égala ſa force & ſa lumiere,
Mon employ n'eut jamais de ſi noble matiere,
Auſſi quoy que le monde entreprenne aujourd'huy,
C'eſt autant de perdu ſans luy.

PREMIERE ENTRE'E.

ASTRES ET PLANETTES.

Pour les Astres & les Planettes.

Astres, ce point n'est pas en éuidance
Si c'est par vous que le Monde se meut,
Vous voila tous occupez à la dance,
Le Monde va cependant comme il peut.

II. ENTRE'E.

Pour Monsieur le Grand. *Pyrâme.*

Pyrame estoit vn peu plus tristes que vous n'étes,
Vous auez neantmois, son air, & ses atraits,
Thisbé s'y fut méprise, & sans doute vous faites,
Tout ce qu'il fit au meurtre prés,
Aussi pouuoit-il bien ce semble à moins de frais
Marquer sa passion extresme,
D'autres preuues d'amour il est vn milion,
Vous auriez plus de peine à vous tüer vous mesme
Que vous n'auriez de peine à tüer vn Lion:
Si vostre Ame inquiete, adorable Pyrâme,
Vouloit quitter ainsi le beau corps qui la joint,
Elle seroit vne Ame injuste au dernier point,
Et je ne croyrois pas qu'il fut vne pire Ame.

Pour le Marquis de Mirepoix. *Thisbé.*

Vous auez bonne mine, & ne prétendez pas
Que pour vostre beauté l'on souffre le trépas,
Aussi la Fable ingénieuse & sage
Sur l'accident funeste ou Pyrasme est tombé
Quand elle parle de Thisbé
N'accuse que son voile, & non pas son visage.

III. ENTRE'E.

Comedie, Moliere & sa Troupe.

Pour Moliere.

Le célebre Moliere *est dans vn grand éclat*
Son merite est connu de Paris jusqu'à Romme
Il est auantageux par tout d'estre honneste homme
Mais il est dangereux auec luy d'estre vn Fat.

IV. ENTRE'E.

BERGERS, ET BERGERES.

Pour LE ROY. *Berger.*

CE Berger n'est jamais sans quelque chose à faire,
Et jamais rien de bas n'occupe son loisir,
Soit plaisir, soit affaire,
Mais l'affaire tousiours va deuant le plaisir.

Il mene des Troupeaux dont la bizarerie
Quelque fois tire à gauche au lieu d'aller à droit,
Pour telle Bergerie
Iamais Pasteur ne fut plus ferme, & plus adroit.

Il pouroit de ce faix soulager sa pensée,
Mais il ne s'en veut pas reposer sur les siens;
La saison est passée
Où les Bergers dormoient sur la foy de leurs Chiens.

Paissez, Brebis, pendant qu'il s'apreste à détruire
Auec tant de Vigueur tous les Loups s'il en vient,
Et laissez-vous conduire
A qui sçait mieux que vous tout ce qui vous conuient.

Pour

Pour MADAME. *Bergere.*

NOn je ne pense pas que jamais rien égale
Ces manieres, cet air, & ces charmes vainqueurs,
C'est vn dédale
Pour tous les cœurs.

❧

Elle vous prend d'abord, vous enchaisne, vous tuë,
Vous pille jusqu'à l'ame, & puis apres cela
Sans estre émeuë
Vous laisse-là.

❧

L'assaßinat commis qu'est-ce qu'il en arriue:
Pour le pauure defunt helas le meilleur sort
Qui s'en ensuiue
Est d'estre mort.

❧

Endurez pour quelqu'autre vne semblable peine,
Au moins vous permet-on soupir, plainte, & sanglot,
A cette gesne
L'on ne dit mot.

❧

Telle erreur deuroit eſtre excuſable & legere
Qui trompe les plus fins, & leur fait préſumer
Qu'eſtant Bergere
On peut l'aymer.

Mais la temerité d'écouure ſa ruyne
Pour la jeune Bergere oſant plus qu'il ne faut;
Son origine
Vient de trop haut.

Qu'icy tous les reſpects les plus profonds s'aſſem-
blent
Dans vn cœur, vn tel cœur n'en a pas à demy,
Tous les Loups tremblent
Deuant Mimy. *

* C'eſt le petit chien de Madame.

Pour Madame de Monteſpan. *Bergere.*

QVe nous ſerions heureux
(Diſent les Loups entr'eux)
Sy nous mettions la pate
Sur chair ſi delicate,
Ne faiſant qu'vn morceau
De Bergere & Troupeau:
Elle eſt prompte à la fuite,
Et garde vne conduite

Dont chacun eſt ſurpris ;
Mais nous en auons pris
Qui tenoient meſme route,
Et nous ſerions ſans doute
Au comble du bon-heur
N'eſtoit ſon chien d'honneur:
Ce mot poura déplaire,
Mais qui ſçaurions nous faire?
Il ne ſort rien de doux
De la gueule des Loups.

Pour Mademoiſelle de la Valiere, *Bergere.*

IEune Bergere, en qui le Ciel a mis
Tout ce qu'il donne à ſes meilleurs amis,
De la beauté, du cœur, de la ſageſſe,
Et ſi j'en croy vos yeux, de la tendreſſe,
Ne penſeZ pas que je veüille en ce jour
Vous cajoller, ny vous parler d'amour,
Ie ſçay qu'il eſt dangereux de le faire,
Et je craindrois plus que voſtre colere:
D'autres que moy s'en acquiteront mieux,
Ie baiſe icy les mains à vos beaux yeux,
Et ne veux point d'vn joug comme le voſtre,
Ie vous le dy tout franc j'en ayme vn autre,
Que cela donc ſoit certain entre nous,
Et crû d'ailleurs auſsi bien que de vous,

Sur vn tel point ſoyez deſabusée,
Mais, mon amy, qu'elle eſt voſtre visée,
Me direz-vous, & qui vous force ainſi
A me parler d'vn ton ſi radoucy,
Et m'attaquer en ſtile d'Elegie
Qui de l'amour étale l'énergie?
Moy de l'amour? ha jamais ce n'en fut,
Mon veritable, & mon vnique but
Eſt de loüer icy voſtre perſonne,
C'eſt de l'encens tout pur que je vous donne,
Vous me ſemblez l'ornement du Hameau,
Et j'ayme à voir dans vn objet ſi beau
Parfaitement l'vne à l'autre aſſortie
Et tant de gloire, & tant de modeſtie:
Que vous peut-on ſouhaiter, & quel bien?
Ie croy qu'il faut ne vous ſouhaiter rien,
L'on ne ſçauroit croiſtre vn bonheur extreſme,
Et pour tout dire, enfin que ſçay-je meſme
Si meritant tant de proſperitez
Vous n'auez point ce que vous meritez.

Pour Mademoiſelle de Touſſy, *Bergere.*

V*Ous auez vn Troupeau, belle & jeune Bergere*
Que vous garderez bien

Si vous l'allez garder ainsi que vostre Mere
Garda tousiours le sien,
Elle s'en aquita de si bonne maniere
Qu'il ne s'y peut ajouster rien,
Et maintenant encore elle garde le Bien
En qui toute la France espere.

Pour le Marquis de Villeroy. *Berger.*

VOus auez un air languissant
Dont vostre Troupeau se ressent,
En prendre plus de soin seroit assez honneste,
Mais à si vil employ vostre cœur ne s'arreste:
Quand le Berger est jeune & beau
Il ne peut durer dans sa peau,
Et volontiers a dans la teste
Autre chose que son Troupeau.

V. ENTRE'E.

COMBAT D'ALEXANDRE ET DE PORVS.

ALexandre & Porus aymoient tant les batailles,
Qu'enuiron deux mille ans apres leurs funerailles

Vous les voyez icy prés à recommencer,
Quand on ayme la guerre on ne s'en peut passer.

VI. ENTRE'E.

Pour des Poëtes.

SOuuent les Medecins
Ne sont pas les plus sains,
Encore que leur art de tous maux nous déliure:
Les beaux Esprits sont tels,
Ils rendent immortels,
Et la plusspart du temps ils n'ont pas dequoy viure.

RECIT D'ORPHE'E,

qui n'est point chanté.

IE ne vien point icy par mes tristes accens
Des sensibles objets suspendre tous les sens,
Attirer apres moy les Rochers & les Marbres,
Faire marcher les Arbres:
Ma tristesse par là ne se peut amoindrir,
Et c'est vn effort inutile,
Helas! ce que je veux n'est pas si difficile,
Ie ne veux que toucher vn cœur & l'atendrir.

Non je ne prétens point que l'Amour par ma voix
Vienne contraindre icy la Nature & ses loix,
S'il y faut de la force & de la violance,
I'ayme mieux le Silance.
Ma tristesse par là, &c.

VII. ENTR'EE.

Pour Monsieur de Lully. *Orphée.*

CEt Orphée a le goust tres-delicat, & fin,
C'est l'ornement du siecle, & n'est rien qu'il n'atire,
oit Hommes, Animaux, Bois, & Rochers enfin
)u son melodieux de sa charmante Lire:
outes ces choses là le suiuent pas à pas,
t de son harmonie elles sont les conquestes,
Iais si vous l'en pressez il vous dira tout bas
u'il est cruellement fatigué par les Bestes.

VIII. ENTRE'E.

Cyrus & Polexandre.

Pour LE ROY. CYRVS.

SVperbe Antiquité, dont si mal à propos
Le siecle trop long-temps a souffert les repr
ches,
Et qui voulez tousiours à l'égard des Heros
Que les plus éloignez ternissent les plus proche
Si vous en auez eu nous en auons aussi,
Et la chose entre nous doit estre égale icy,
Mais n'en soyons point crûs ny les vns ny
autres
Attendons sur le prix & du Nostre, & d
Vostres
De la Posterité le juste Tribunal,
L'inuincible LOVIS *ne perd rien à l'att*
dre,
Tantost c'est vn CYRVS*, tantost vn* AL
XANDRE,
Et tousiours la Copie atteint l'Original.

Ils ont eu leurs defaux, ces Démons des combas,
L'vn ſentit au couroux ſa grande Ame aſſeruie,
Et l'Autre eut dans ſa fin quelque choſe de bas
Que ceux qui l'ont loüé n'ont point mis dans ſa vie:
LOVIS eſt touſiours ſage, il reigle ſes deſirs,
Et ne fait que gliſſer par deſſus les plaiſirs,
Sa Vertu forte & plaine eſt vne vertu rare
Qui releue, affermit, fortifie, & repare,
C'eſt vn fleuue qu'on croit qui va tout renuerſer,
Qui ne rencontre point de digue à ſon épreuue,
Enfin l'on ſe raſſure, & l'on voit que ce fleuue
Ynnonde la campagne afin de l'engraiſſer.

Pour le Marquis de Villeroy. POLEXANDRE.

QVe c'eſt vn grand bonheur d'eſtre jeune & bien fait,
De l'eſprit & du corps également parfait,
Ainſi que Polexandre *errant par tout le monde*
A deſſein de luy reſſembler,
Et de pouuoir faire trembler
Conſtantinople & Trebiſonde:
Et puis quand vous eſtes tenté
D'aller ſecrettement vous embarquer ſur l'onde
Eſtre tout à coup arreſté

Par vn Geant terrible, & qui porte couronne
Dont le fameux pouuoir vous retient enchanté
Dans vne des Tours de Peronne:
Faire tous les Estez quelque trait de Roman
Par où vous soyez mis les Hyuers en Ecran,
Brusler tousiours d'vn feu qui n'ait rien de profane,
Ioint à de grands respects pour quelque Alcidiane
Desquels on se défait quand il en est saison,
Et sur tout se garder de la demangeaison
De raconter ses auantures,
Et de montrer des écritures.

IX. ENTRE'E.

Orateurs & Philosophes.

N'Est-ce pas estre né sous vn noble ascendant
Que d'estre vn Orateur, & d'estre vn Philosophe,
Quoy qu'il en soit beaucoup de fort petite étoffe?
Car par vn ordinaire & fatal accident
Qui cause à la Science vn éternel oprobre,
De ces deux composez il se forme vn Pedant
Ridicule animal, tres-crasseux, & peu sobre.

X. ENTRE'E.

Pour les Faunes.

CEs gens-cy tiennent en affaire
Vn procedé fort ingenu,
L'honneur leur semble vne chimere,
Et chez eux l'Amour est tout nu
Comme dans les bras de sa Mere.

XI. ENTRE'E.

CONTESTATION DES PIERIDES ET DES MVSES.

MADAME. *Pieride.*

QVelle étrange dispute est-ce donc qui s'apreste?
Qui vous a, je vous prie, ozé mettre en la teste,
Muses, que nous estions jalouses de vous, nous?

Madame d'Heudicourt. *Muse.*

MAdame, nous auons vn grand respect pour vous,
Auous dire le vray de personne à personne
D'vne commune voix vous aurez la couronne:
Mais si vostre bonté nous permet vne fois
D'apuyer nos raisons, & soûtenir nos droits,
Pour nostre gain de cause à la face des Hommes
Il suffit en ce lieu d'alleguer que nous sommes
Filles de Iupiter, vous de Pierius:
Encore qu'Alexandre effaçast Darius,
Leurs Soldats pouuoient bien se comparer ensemble,
Et cela nettement veut dire ce me semble,
Que l'on peut vous tirer hors de comparaison,
Et contre tout le reste auoir quelque raison.

Mademoiselle de la Valliere. *Pieride.*

NOn, non, point de détour, & point de stratagéme,
Il n'est pas question de ce respect extréme,
Et sur le point où roule icy nostre entretien
La personne y fait tout, & la qualité rien;
Il faut examiner quel est nostre merite,

Mais vn merite illuſtre, & que rien ne l'imite,
Brillant & reconnu d'vn aueu ſolemnel
Comme vn merite à nous purement perſonel,
Point d'apuys étrangers, que toutes y renoncent,
Apres que l'on décide, & que les Dieux prononcent.

Mademoiſelle de Longueual. *Muſe.*

L*Es Dieux? nous retombons en pire extremité,*
Sçait-on pas que les Dieux ſont de voſtre coſté?
Eux qui ſont ſi puiſſans ſur la terre & ſur l'onde
Et qui deuroient ſans doute eſtre pour tout le monde,
Cependant par mal-heur on voit qu'ils n'y ſont point.

Madame de Monteſpan. *Pieride.*

L*Aiſſons les Dieux à part & reuenons au point:*
Parlons de bonne foy, qu'elle erreur eſt la voſtre?
Selon vous eſtre Muſe eſt-ce eſtre plus qu'vne autre?
Si ce Nom fut jadis en admiration

Il a ſuiuy du temps la reuolution,
La mode en eſt paßée, & ſi je ne m'abuſe
L'on peut valoir beaucoup quoy qu'on ne ſoit pas
Muſe.

Mademoiſelle d'Arquien. *Muſe.*

M*Ais je tien qu'eſtre Muſe außi n'empeſ-*
che pas
Qu'on n'ait lieu de pretendre aux plus charmans
apas,
Ce ſeroit grand pitié que pour eſtre vn peu Belle
On dût aprehender d'eſtre ſpirituelle,
Qu'il falut renoncer à ces diuins threſors,
Et que l'Eſprit donnaſt l'excluſion au Corps.

Madame de Cruſſol. *Pieride.*

P*Our moy bien que touſiours les Muſes m'ayent*
cherie,
Par elles tendrement éleuée & nourie,
Que j'aye eſté bercée au doux bruit des Chanſons
Que font de tems en tems leurs doctes Nouriſſons,
Ie m'eſtime bien plus d'eſtre icy Pieride,
Et je tien mon eſtat meilleur & plus ſolide.

Madame de Villequier. *Muſe.*

CE que vous dites-là ne fait rien contre nous,
Ny contre noſtre ſort qui nous ſemble aſſez doux ;
Quoy que vous poſſediez vn eſprit admirable,
Si voſtre ſentiment ne nous eſt fauorable,
Se peut-il pas changer dans vne autre ſaiſon
Eſtant de voſtre gouſt non de voſtre raiſon ?

Mademoiſelle de la Mothe. *Pieride.*

AFin de terminer le debat ou nous ſommes
Ie ne ſuis pas d'auis que l'on s'adreſſe aux Hommes.
Ainſi qu'à nos moutons retournons à nos Dieux,
Noſtre accommodement par là ſe fera mieux,
Quoy que de haut en bas ces Dieux peu fauorables
Regardent les Mortels comme des miſerables.

Madame la Comteſſe du Pleſſis. *Muſe.*

IMportuner les Dieux auec nos differens ?
Ils ont bien autre choſe à regler que nos rangs,
Si le monde pour eux n'eſt qu'vne bagatelle,

Iugez comme ils iront traitter noſtre querelle,
De nous meſmes taſchons d'adoucir noſtre fiel,
Tenons nous à la Terre, & laiſſons-là le Ciel.

Mademoiſelle de Touſſy. *Pieride.*

V*Oſtre moralité paſſe ma ſuffiſance,*
Quant à moy je ſuis jeune, & j'ariue, & je dance,
A l'heure que je parle il ne me manque rien,
Et tout allant ainſi je croy que tout va bien,
Que je me trompe ou non, mais enfin je ſoupçonne
Qu'eſtant comme je ſuis l'on ne cede à perſonne.

Madame de Rochefort. *Muſe.*

E*T voila juſtement le party du bon ſens,*
De ſçauoir en ſoy-meſme auec les connoiſſans
Qu'à perſonne en merite on n'eſt inferieure,
Ce mouuement ſecret de joye interieure
Nous plaiſt, nous entretient, nous flate, & me pareſt
Vne Prouiſion en attendant l'Arreſt.

Mademoiſelle

Mademoiselle de Fiennes. *Pieride.*

Est-ce qu'on s'en tient-là quand on a bonne cause?
Veut-on pas que le monde en sçache quelque chose?
Il s'agit du Triomphe en suite du combat,
S'il y va de la gloire, il y faut de l'éclat,
Mesme que plus d'vn Iuge en ait la connoissance,
Et dans vn interest de pareille importance,
Il faut que l'Equité fasse droit à chacun,
Et pour y voir bien clair deux yeux valent plus qu'vn.

Madame de la Valliere. *Muse.*

Vous pouriez ajouster encore à vostre affaire
Que l'auis de plusieurs ne se raportant guere
Lors que le differend se trouue mal reglé,
De quelqu'vn à quelqu'autre il en est appellé,
Moy comme je me sens contre vous bien fondée
I'entens que sans retour l'affaire soit vuidée.

Madame de Ludre. *Pieride.*

Pour corrompre personne au moins je ne croy pas
Qu'on me soupçonne icy de faire bien des pas,
Pourquoy mesler le droit & la chicane ensemble?
Quand on est raisonnable il suffit ce me semble

Sans que la ruse & l'art s'y trouuent employez,
De se monstrer au Iuge, & luy dire, voyez.

Mademoiselle de Cologon. *Muse.*

VRayement vous en parlez icy bien à vostre aise,
Parce que vous croyez n'auoir rien qui ne plaise,
Si la Iustice auoit vn bandeau sur les yeux
Peut-estre que pour vous il n'en iroit pas mieux,
Quelques traits éclatans, & quoy que l'on possede
Auecque tout cela bon droit a besoin d'aide.

Mademoiselle de Brancas. *Pieride.*

QVelque riche qu'on soit en beauté c'est vn bien
Dont l'on ne souffre pas qu'il se retranche rien,
Ie n'auois pas quinze ans que l'on m'en donna seize
Cela me fit dépit, & je n'en fus point aise,
Il n'en est pas des ans de mesme que de l'or,
Plus vous en amassez moins en vaut le thresor.

Mademoiselle de la Mark. *Muse.*

SI vous ne vous fondiez que sur cét auantage,
I'ay dequoy disputer du costé de mon âge,
Il est vray que le Blond fait par tout bien du bruit,
Mais est-ce que le Brun n'a jamais rien produit?

En quantité de lieu ſa puiſſance on redoute,
On ne me la pas dit, mais c'eſt que je m'en doute.

MADAME.

CEtte longue diſpute à la fin me déplaiſt,
Qu'on ſe taiſe, & laiſſons la choſe comme elle eſt.

XII. ENTRE'E.

Nymphes.

Pour LE ROY. *Nymphe.*

LA Nymphe merueilleuſe agreable & terrible,
Des Ours & des Lyons médite vn meurtre horrible,
Et va rendre à nos bois leur antique bonheur:
L'Enuie à beau gronder, elle n'en peut rien dire,
Et des Antres obſcurs ne ſort point de Satyre
Qu'elle craigne, & qui donne atteinte à ſon hõneur.

A ſon rare merite on rend vn juſte hommage,
Le chant melodieux des Cignes de noſtre âge
S'apreſte à le loüer par des tons redoublez,
Et ce meſme merite au Temple de Memoire
D'vne commune voix attent la meſme gloire,
Iugez par l'Auenir les Siecles aſſemblez.

Pour le Marquis de Villeroy. *Nymphe.*

A Cette mine langoureuſe,
Nymphe, il pareſt que vous auez beſoin
Qu'vne autre Nymphe prenne ſoin
De vous ayder à deuenir heureuſe.

XIII. ET DERNIERE ENTRE'E.

Iupiter.

Pour Monſieur le Grand. *Iupiter.*

AVprés de Iupiter tous les Dieux ne ſont rien,
Et ſi-toſt qu'il pareſt on le reconeſt bien,
A Cheual, dans le Cercle, aux Bals, aux Promenades,
De nos moindres plaiſirs il forme ſes ébas,
Et deſcend quelque fois juſqu'aux Turlupinades
Chez les pauures mortels on ne va point plus bas:
Au cœur il a touſiours quelque galanterie,
Mais Iunon dans le Ciel n'entend pas raillerie.

ENTRE'E

ENTRE'E DES ESPAGNOLS, ET ESPAGNOLES.

Pour le Duc de S. Aignan. *Espagnol déguisé allant en masque.*

QVelque Espagnol que je sois
I'ay sçeu me déguiser auecque tant de gloire
Qu'en cent ocasions d'eternelle memoire
I'ay passé pour tres-bon François,
Et m'en suis d'autant mieux signalé dans l'Histoire.

Pour Mr le Grand, les Marquis de Villeroy, Mirepoix, & Rassan. *Espagnols.*

MEssieurs les Espagnols, pour vous faire plaisir
Ie voudrois vous loüer séparement tous quatre,
Mais je n'en feray rien, & deussiez-vous me batre,
Non manque de sujet, mais faute de loisir:
L'on m'a prescrit trop tard ce que j'auois à faire,
J'ay mon Prince à loüer, honneur qui m'est si doux,
I'ay cinq jeunes Beautez encore à satisfaire,
Et je ne suis pas homme à les laisser pour vous:

Ensemble estant Amis vous serez à vostre aise,
Et je ne vous unis que pour vous obliger,
Si vous estes Riuaux (pourtant à Dieu ne plaise)
Il vous sera permis de vous entre-manger.

Pour LE ROY, *representant* VN ESPAGNOL.

Q*Ve pour cet Espagnol les Dieux ont d'amitié?*
Aussi c'est vn Chef-d'œuure admirable, & celeste,
Le Sang & la Nature en firent la moitié,
La Paix, & l'Alliance ont composé le reste.

Son Equité soûtient le commun interest
De ces deux Nations qui font mouuoir l'Europe:
Dure à jamais ce Nœu serré comme il parest,
Et qui de tant d'Estats la fortune enuelope.

POVR L'ENTRE'E DES ESPAGNOLES,

MADAME.

Madame de Montespan, Madame de Crussol, Mademoiselle de la Valiere, & Mademoiselle de Toussy.

CEs ESPAGNOLES *ont des traits*
Contre qui la raison fait des efforts friuoles,
Il n'est pas défendu d'admirer leurs attrais,
Mais il est dangereux d'aimer ces ESPAGNOLES.

L'vne sort d'vn si noble Sang MADAME.
Qu'on ne sçauroit jamais atteindre à cette Belle,
Toute la Grauité qui conuient à son Rang
Oste la liberté de soûpirer pour Elle.

L'autre a le cœur peu partagé, Madlle. de la Valiere.
Je ne sçay s'il est plain, je ne sçay s'il est vuide,
Mais je tien s'il s'estoit vne fois engagé
Qu'il auroit de la peine à deuenir perfide.

De celle-cy l'intention Madame de Montespan.
Est de faire aux Humains vne mortelle guerre,
Et son vray caractere est de la Nation
Qui voudroit maistriser le reste de la Terre.

Madame de Crussol.

Celle-là d'Vn air noble & haut
Est sage autant qu'aymable, & toute cette flâme
Qui fait tant de rauage en vn climat si chaud
Elle l'a dans l'Esprit & ne l'a point dans l'Ame.

Madlle. de Toussy.

Que cette jeune Beauté plaist,
Mais à quelle fortune est-elle reseruée?
Auec tant de Thresors diriez-vous pas qu'elle est
Des Indes en ce lieu fraischement ariuée?

Pour vos fléches changez de but
Amour, & quittez-là des entreprises folles,
Vous auez vostre sens; mais la raison conclut
Qu'il est tres-dãgereux d'aimer ces ESPAGNOLES.

ENTRE'E DES MAVRES.

Pour LE ROY. *Maure.*

CE Maure si fameux soit en paix soit en guerre
D'vn merite éclatant, & d'vn rang singulier
Pouroit mettre à ses piez tout l'orgueil de la Terre,
Et difficilement souffriroit le colier:
Il ne sçait ce que c'est d'estre sans la victoire,
Et tous les pas qu'il fait le ménent à la gloire,
Sur vn chemin si noble il efface en allant
Tout ce que les ZEGRIS, *& les* ABENCERRAGES
Ces illustres Courages
Firent de plus galant.

Lors qu'il fait le Berger il est incomparable,
Representant Cyrus il prend vn plus haut vol,
Qu'il se déguise en Nymphe il a l'air admirable,
C'est la mesme fierté s'il dance en Espagnol,
Sous l'habit Afriquain luy mesme il se surmonte,
Mais de ces jeux diuers quand il faut qu'il remonte
A son vray, naturel, & serieux employ
Ou pas vn ne l'égale, ou Nul ne le seconde;
Personne dans le Monde
Ne fait si bien le ROY.

Pour MADAME. *Maureſque.*

QVe ces yeux ont de force, & qu'il eſt dangereux
De croire tenir ferme à la longue contr'eux,
Qu'il y faut de ſageſſe, & que de politique
Malheureux eſt celuy qui ſe trouue bruſlé
Par les ardans rayons de ces Soleils d'Afrique,
Plus malheureux encor quiconque en eſt haſlé,
La brûlure au dedans peut demeurer paiſible,
Mais le haſle au dehors la rend toute viſible,
L'effet en eſt terrible, & crüel tout a fait,
Et l'aparance pire encore que l'effet.

Pour Mademoiſelle de la Valiere. *Maureſque.*

BEauté du premier rang,
Vous dont la gloire eſt infinie,
Auec vn Teint ſi blanc
Venez-vous de Mauritanie?
Que de pompe, que d'apareil
Sur voſtre marche, & pour voſtre conduite!
Les Autres n'ont rien de pareil,
Quels Eſclaues, & quelle ſuite!

Pour Madame de Rochefort. *Maurefque.*

TOute la noirceur du Climat
Non fans vn tendre & vif éclat
Dans vos beaux yeux s'eft retirée,
Et c'eft vne preuue affurée
De leur mauuais deffein
Contre le genre humain.

Pour Mademoifelle de Brancas. *Maurefque.*

QVel éclat! quelle fraifcheur!
Non perfonne de blancheur
Aupres de vous ne fe pique,
Et c'eft vne rareté
Que vous ayez aporté
Tant de nége de l'Afrique.

Pour Monfieur le Grand. *Maure.*

VOus eftes bien fait, Maure, & vous auez la mine
D'eftre vn des principaux de voftre Nation,
Il ne vous manque rien, & qui vous examine
Ne trouue de defaut qu'en voftre expreffion.

En parlant vous péchez dit on contre les formes,
Et vous vous énoncez trop peu vulgairement,

S'il faut qu'aux Nations les Langues ſoient conformes
Vn Maure doit il pas parler obſcurément?

Il eſt des délicas dont le chagrin s'aplique
A trouuer tout mauuais, & vous donner à dos,
Comme ſi vous laſchiez tous les Monſtres d'Afrique
Quand vous laiſſez aller trois ou quatre bons mots.

Pour le Marquis de Villeroy. *Maure.*

M*Aure, qui me ſemblez jeune, galant, & braue,*
Eſtes-vous voſtre Maiſtre, ou bien ſi vous ſeruez?
Car le grand air que vous auez
Ne ſent point du tout ſon Eſclaue:
D'autre coſté cette triſte langueur
Qui ſemble auoir ſa ſource dans le cœur
Met les curieux à la geſne,
Vous n'auez ny colier, ny cheſne,
Ou ſi vous en auez il ne pareſſent point,
Mais toute choſe miſe en vn juſte équilibre
Voulez-vous me laiſſer décider ſur ce point?
Ma foy vous n'eſtes pas de condition libre.

www.ingramcontent.com/pod-product-compliance
Lightning Source LLC
LaVergne TN
LVHW020034170826
845678LV00001B/252

* 9 7 8 2 3 2 9 6 9 7 7 2 7 *